D1398512

551.5   Martin, Terry|
MAR

Pourquoi il y a des
éclairs? et autres
questions sur la
météo

Un livre de Dorling Kindersley

Texte de Terry Martin
Sous la direction de Caroline Bingham
Direction artistique Sarah Wright-Smith
Directrice adjointe à la rédaction Mary Ling
Production Louise Barratt
Consultante Theresa Greenaway
Recherche photographique Lorna Ainger
Photographies Paul Bricknell, Matthew Chattle,
Andreas Einsiedel, Steve Gorton, Peter Powell,
Susannah Price, Tim Ridley, Steve Shott.

Édition originale publiée en Angleterre en 1996,
par Dorling Kindersley Limited, 9 Henrietta Street, London WC2E 8PS
Exclusivité en Amérique du Nord : Les éditions Scholastic
123, Newkirk Road, Richmond Hill (Ontario) L4C 3G5
Copyright © Dorling Kindersley Limited, 1996.
Copyright © Les éditions Scholastic, 1997, pour le texte français.

Tous droits réservés
Il est interdit de reproduire, d'enregistrer ou de diffuser en tout ou en
partie le présent ouvrage par quelque procédé que ce soit,
électronique, mécanique, photographique, sonore, magnétique ou
autre, sans avoir obtenu au préalable l'autorisation
écrite de l'éditeur.

Données de catalogage avant publication (Canada) disponibles.

ISBN : 0-590-16684-0
Reproduction couleur Chromagraphics, Singapour
Imprimé en Italie par L.E.G.O.
L'éditeur tient à remercier les personnes suivantes pour
leur avoir permis d'utiliser leurs photos :
h haut, b bas, g gauche, d droite, c centre, DC dos de la
couverture, C couverture
Bruce Coleman Ltd. : Erwin & Peggy Bauer 14-15, Jane
Burton 11hd, 20-21c, Mr Felix Labhardt C cd, DC cd, 5bg,
17hd, 21hd, Dr Scott Nielsen C hg, DC hg, 11bc, Dr Eckart Pott
19hd, John Shaw 20bg, Kim Taylor C bg, DC bg, 5hd, 14hg,
18hg,bg, 19tg; Robert Harding Picture Library : 18-19c, Fred
Friberg 16-17c; The Image Bank : Steve Dunwell 18-19, Eric
Meola 15hd, Pete Turner 12bg; Frank Lane Picture Agency :
R. Bird 13bd, W. Broadhurst 21bd, C. Carvalho 9hd;
Photographer's Library : 19bd; Pictor : 4c, 7bd, 10tl, bg, 13hd,
17bg; Science Photo Library : John Mead pages de garde,
Claude Nuridsany & Marie Perennou C cg, DC cg, 4hc, 16-
17; Tony Stone Images : 6-7c, Beryl Bidwell 10-11c, Bert
Blokhuis 6hg, Val Corbett 18cg, George Hunter 8bg,
Richard Kaylin 12-13c, Gary Yeowell DC c, 8-9c.

Questions

POURQUOI

il y a des éclairs?

et autres questions sur la météo

École Rabeau

0006435

ÉCOLE RABEAU

Les éditions Scholastic

Pourquoi le soleil est chaud?

Le soleil est une boule de gaz brûlante. Tu sens sa chaleur, même s'il est à 149 millions de kilomètres de distance. Ça chauffe!

Pourquoi je ne peux pas regarder le soleil?

Le soleil est beaucoup trop éclatant pour tes yeux délicats et pourrait te rendre aveugle. Regarder le soleil est très dangereux.

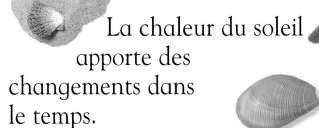

La chaleur du soleil apporte des changements dans le temps.

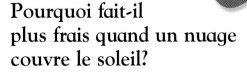

Pourquoi fait-il plus frais quand un nuage couvre le soleil?

Les nuages absorbent la plupart des rayons chauds du soleil, comme une éponge absorbe l'eau. L'air près du sol se rafraîchit peu à peu, et cela peut gâcher ton plaisir.

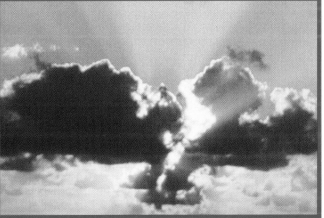

Pourquoi il y a des

Les arcs-en-ciel se produisent quand le soleil est derrière toi et la pluie devant, car la lumière du soleil se divise en couleurs en traversant les gouttelettes d'eau.

Pourquoi les arcs-en-ciel sont multicolores?

La lumière blanche du soleil est un mélange parfait de sept couleurs :

arcs-en-ciel?

Pourquoi cet arc-en-ciel est blanc?

Dans la blancheur et le froid de l'Arctique, le soleil crée les spectacles les plus stupéfiants. Un arc se forme quand le soleil traverse les cristaux de glace qui tombent. Ceux-ci gardent ensemble les rayons blancs du soleil.

rouge, orange, jaune, vert, bleu, indigo et violet. Ce sont donc ces couleurs que tu vois quand un rayon de soleil traverse une goutte d'eau et se divise.

Pourquoi il pleut?

Les nuages transportent des petites gouttes d'eau qui entrent en collision, deviennent de plus en plus grosses et lourdes, jusqu'à ce qu'elles tombent.

Pourquoi il y a des nuages?

Quand l'air chaud s'élève et rencontre l'air froid, l'humidité de l'air chaud se condense et devient des gouttelettes.

Pourquoi les nuages de pluie sont si noirs?

Ils paraissent noirs à cause du nombre de gouttelettes d'eau qu'ils contiennent. Plus il y a de gouttelettes, plus le nuage est noir.

Ces petites gouttes réfléchissent la lumière du soleil, et un nuage apparaît.

L'éclair est une étincelle géante d'électricité. Il frappe parce qu'il est attiré vers le sol, comme un aimant attire certains métaux.

Pourquoi le tonnerre est si bruyant?

Lors d'un orage, les coups de tonnerre éclatent parce que l'éclair brûlant fait que l'air se dilate trop rapidement. Cela produit un grondement.

des éclairs?

Pourquoi le tonnerre suit l'éclair?

Éclair! Silence. Tonnerre! Le tonnerre et l'éclair se produisent en même temps, mais le son voyage beaucoup plus lentement que la lumière.

Pourquoi je ne peux pas m'abriter sous un arbre?

Quand l'éclair frappe un arbre, l'électricité abat le tronc. Tu peux être électrocuté si tu es trop près.

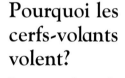

Le vent siffle de l'air invisible. Il souffle parce que l'air n'arrête jamais de se déplacer. L'air chaud s'élève sans arrêt, et l'air froid se hâte de prendre sa place.

Pourquoi les cerfs-volants volent?

Les cerfs-volants sont conçus pour voler les jours de grand vent. Le vent s'empare du tissu tendu et le fait monter. Tiens bien la corde!

vent souffle?

Il prend de la vitesse ou ralentit, mais ne s'arrête jamais.

Pourquoi il y a des tornades?

Les tornades montent en spirale quand un entonnoir d'air chaud et humide rencontre de l'air froid et sec. Elles sont dangereuses et aspirent tout sur leur passage.

Pourquoi il neige?

 Les nuages peuvent devenir tellement froids que les gouttelettes qu'ils contiennent se changent en petits cristaux de glace. En tombant, les cristaux se collent les uns aux autres et deviennent des flocons de neige.

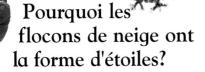

Pourquoi les flocons de neige ont la forme d'étoiles?

Ils sont faits d'environ 50 petits cristaux en forme d'étoile. Chaque cristal a six côtés, et il n'y en a pas deux identiques. Tu ne peux voir les cristaux qu'au microscope.

Pourquoi un bonhomme de neige fond si lentement?

La neige repousse la chaleur et la lumière du soleil. Quand elle est entassée, comme dans le cas d'un bonhomme de neige, elle peut même regeler quand la température baisse durant la nuit!

Pourquoi la glace est glissante?

Quand tu patines sur la glace, ton poids fait fondre la couche du dessus, créant une surface glissante entre tes patins et la glace.

Pourquoi les feuilles se couvrent de givre?

L'eau de l'air peut geler sur une surface froide et solide, comme une feuille ou une fenêtre. Ça s'appelle le givre.

Pourquoi les glaçons se forment?

Des pointes de glace se développent quand les gouttes d'eau gèlent avant de tomber au sol.

Pourquoi les icebergs sont si gros?

L'iceberg est un morceau de glacier qui flotte dans la mer. Le château de cristal flottant que tu vois est seulement la pointe de l'iceberg. Le reste est caché sous l'eau.

Pourquoi il y a de la rosée

Tandis que l'air se refroidit la nuit, l'humidité qu'il contient se condense en gouttelettes. Au matin, ces gouttelettes se collent à toutes sortes de choses, des toiles d'araignées aux ailes des insectes.

Pourquoi il y a de la brume?
Comme pour la rosée, la brume se forme quand l'eau de l'air se

le matin?

Pourquoi le brouillard est épais?

Le brouillard est plus épais que la brume parce qu'il contient beaucoup plus de gouttelettes d'eau. Dans les villes, les gouttelettes captent la poussière et la fumée des autos.

condense en gouttelettes. Un nuage apparaît au niveau du sol. Tu peux donc le traverser!